꽃을 만진 뒤부터

국립중앙도서관 출판예정도서목록(CIP)

꽃을 만진 뒤부터 : 나영순 시집 / 지은이: 나영순. -- 대전
: 지혜, 2017
p. ; cm. -- (지혜사랑 ; 167)

ISBN 979-11-5728-226-5 03810 : ₩9000

한국 현대시[韓國現代詩]

811.7-KDC6
895.715-DDC23 CIP2017008577

지혜사랑 167

꽃을 만진 뒤부터

나영순

지혜

시인의 말

나는 이제 두 번째 강을 건넜다.
사랑과 그리움으로 늘 꿈을 띄우던 그 강
그 강은 언제부턴가 뿌리가 보이지 않는 나에게
배가 되어주었고
어느 때는 바람이 되어주었고
한 때의 보금자리도 되어주었다.

흐르는 게 강이라 걷잡을 수 없는 세월에 묻혀
멀리서 바라보기만 했던 시절도 있었고
사람 사는 일이거니 눈을 돌린 적도 많았다.

그러다 문득 첫 번째 강을 떠올렸다.
그 강이 나였고 내가 그 강이었음을 알고
나는 다시 강이 되었고 그 강은 시가 되었다.

모시 같은 어머니와 함께 흘러 내 어릴 적 꿈을 찾아가는
두 번째 강
달 밝은 밤이면 나는 그 강에 배를 들이고
내 뿌리를 찾아 나설 것이다.
어느 강가 수초에 깊이도 매어 있을 나의 뿌리
그 뿌리를 가슴에 길게 이고 이어
새도 되고 나무도 되고 꽃도 되고
세 번째, 네 번째 그리고 수많은 강도 이을 것이다.

내가 그 강을 늘 꿈꾸고 건널 수 있도록
배가 되고 바람이 되고 사랑이 되었던
우리 가족과 함께 배를 들이고 싶다.
그 강이 마르지 않는 한

2017년 새 봄에
나 영 순

차례

1부 꽃을 만진 뒤부터

2부 마음의 방

3부 사람에게 가자

4부 행복에게

• 일러두기

한 연이 첫 번째 행에서 시작될 때는 > 로 표시합니다.

1부

꽃을 만진 뒤부터

꽃을 만진 뒤부터

이제야 따뜻해진 혈맥
꽃을 만진 뒤부터다
긴 강을 건너온 바람처럼
돌아보지 못하는 나에게
햇빛은 서둘지 말라며
세상 사이에서 잠시 머뭇거림도 없이
건네온다

지금
살아야 하는 이유를
꽃으로 전해주는
빛

새벽엔

새벽엔 늘 떠난다
언젠가 다시 내게 올 계절풍처럼
밤새 거친 들을 지나
순수히 지켜져야 할 영혼을 맞으러
문을 나선다
훈훈한 사람들을 찾아나서는 빛 걸음
그 무엇이 우리를 갈라놓더라도
우리를 움츠려들게 할지라도
떠나는 새벽엔
골목의 어둠을 사르는 가로등 같은
여명이 앞선다
뒤쫓아 오는 밤의 무게가
베란다 창에 흩어지기도 전에
문을 나선다
언제나 그랬듯이

포구에서

갯내음이 긴 오후 내내 포구에서는
햇빛이 통통 거린다
자배기 아주매*들의 걸쭉한 입담 뒤로도
매몰차게 쨍쨍하다
배 붙이 선원들의 푸른 땀으로 건넨
숨 가쁜 생선에서는 아직도 망망한 바다가 펄떡거리고
분주히 오가는 어선들의 뱃머리에는
세월의 파도가 묵직하다
어디서 오는 풍경이라 이리도 정겹더냐
사람이 우선인 포구
그 가장자리에서부터 짙어오는
고향의 내음

* 아주매 : 아주머니의 방언(경북, 충남).

바닷길

쪽빛으로 난 길
동쪽으로 빛을 따라갔던 배들이 되돌아오는 길
아버지가 그 아버지로부터 이어온 생명의 길
외길, 쪽빛 길, 바닷길,
뜸뜸이 들인 섬들을 지나면
이젠 쪽빛만 가득한 하늘과 맞닿는
망망한 꿈

어머니가 그 어머니에게서 대물림한 자배기를 두르고
새벽 포구를 지치면
밤새 망망한 꿈을 찾았던
어선이 통통거리는 길
그길, 기억의 길, 생명의 길

쪽빛으로 물을 연 길
바닷길

여행

여름이 식지 않은 서해로 가는 여정
고속도로를 헤치는 차창 뒤로
먼지처럼 도시의 무거움이 수없이 비켜간다
언제나 삶의 중심에 있던 스마트폰도
잠시 접어둔다
터널이다
스스르 잠기는 눈
스치는 바람 속에서
잠시 눈꺼풀이 떨릴 뿐
아직도 마음은 캄캄하다
온 길과 가야할 길이 어지럽게 섞이면서 흔들릴 쯤
여름 끝의 햇볕이 머뭇거리는 눈가로
서슴없이 들어온다
터널 밖의 나
낯설지 않은 풍경들 사이로
서먹한 긴장감이 스며들고
화들짝 놀라 접어둔 스마트폰에 손이 간다
버릴 수 없는 그늘
도시나기의 늪
스마트폰과 함께 접히는 눈꺼풀에
꼬깃꼬깃한 그늘 늪이
달라붙는다
여행을 멈추지 않는 내내

뿌리 찾기

아버지는 그 아버지의 뒤에 서고
아들은 또 그 아버지의 뒤에 서는데
한 핏줄인 내가
엄마 뒤에 서지 못하는 건
겨울이 길어서인가
내가 나를 봐도
분명 엄마의 엄마이듯
한결같이 닮았는데
내 딸이 내 뒤가 아니듯
하나가 되지 못하면
굳이 뿌리를 찾아
서러운 길을 떠나지 않으리

보따리

수도 없이 내려놓고 싶었을
그 보따리에는
우리 가족의 얼굴들이
여름 구름처럼 뭉클하게도 걸렸었고
아무 생각 없이 지나쳤을 간이역에서
생선을 파는 노파의 잔주름 같은
그 보따리에는
웃음 대신 속삭임이 무던히도 많았었다
꺼내도 꺼내도 늘어나기만 했던
그 속삭임 뒤에는
헤진 보자기 네 귀 만큼이나
우리들의 눈망울이 두리번거렸고
그럴수록 보따리는 한숨으로 가득 찼었다
꽁꽁 동여맬수록 허전한
그 보따리에는
그래서 아직도 우리들의 온기가
고물고물 피어난다

라면

참 잘도 꼬았다
세상사는 미로 같은 곡선
뜨거워야 몸이 풀리고
꼬이기를 반복하는 너
신을 채 놓지도 않은 아이들의 코를
유연한 놀림으로
서슴없이 불러들인다
손이 빨라야 더 걷어 올리고
입김을 수도 없이 불어냈을 때서야
속이 후련한 너
단무지 달랑 한쪽에도
모든 것을 내주는 너는
붉은 눈물 속의 위안
샘물처럼 맑지 않아도
따스한 안식처가 없어도
그저 얻을 수 있는 나뭇가지 하나면
네 세상이 된다
미로 같은 세상을 푸는
공간이 된다

각티슈

누구나 뽑는다
아무 저항 없이 민낯을 드러내는
그 몸부림
부담도 주지 않는다, 추함도 없다
늘 그렇게
누군가에게 다 주고도
부끄러움도 없다

내 시린 눈마저
밤새 어루만져 주는
너는 무언의
하얀 자유

엄마의 거울

거울에서 엄마를 본다

언제나 그랬다
서글프면 서글퍼질수록 웃음이 깊어진 엄마
잔잔한 눈매엔 늘 자식들이 망울망울 거렸다

한숨도 비켜간 엄마의 가슴엔
이제 막 떠오른 달이 하나 숨어들었고
새벽 뱃길을 여는 뱃고동에 늘 출렁였다

엄마의 머리를 가득 채운 보따리는
한 철을 내야 할 우리들의 몫으로 가득했고
못내 더 주지 못해 가냘파진 손에는
세월을 일궈낸 굵은 핏줄이 매여 있었다

내가 얼마나 잘못을 했길래
엄마는 거울을 이리도 빨리 놓으셨는지
알 수 없는 내 눈엔
아직도 엄마만 차오른다

갈색 파도

바다를 삼킨 갈색 파도

아침상을 물리기도 전에
쿨쿨거리며 배를 대던 늙은 어부의 눈앞에서
파도는 갈색 울음을 토해내고 있었다

한평생 바다를 산 어부에게
떠도는 이야기는 길지 않았다
봄이 지고 여름이 필 때마다
보리밭을 갈아엎는 수소의 거품처럼
바다 밑을 샅샅이 훑는 쟁기질이 있어야
풍어의 깊은 소리가 뱃전에 앞선다는 사실을
어릴 적 어부아버지로부터 들었다는 이야기

몇 올 안 되는 어부의 수염이
여름 바다바람에 끈적여도
늙은 어부의 눈가에 배시시
작은 웃음이 자리를 트는
갈색 파도

교차로

바람이 들어온다
아무도 손을 들지 않는 곳
세월을 밀고 온 구름도 이미 그곳을 떠났다
마음이 다하지 않아도 꼬리를 무는 곳
그러다 멈추면 얼굴을 붉히는 곳
다시 파랗게 눈이 열리면
사람보다 차가 앞서는 곳
차가 사람보다 많아
앞서거니 뒤서거니
너, 나를 가리지도 않는다
지름길, 꽃길도 없어서
선만 따라 가는 외길
바람만이 머뭇거린다

번듯 번듯
다시 바람이 들어온다

커피

색깔이 진하다
세상을 휘집고 나온 열기
새하얗지 않아도
정이 깊은 줄
너로써 알리니
향이 너로 어우러져
사랑을 더하고
빛깔은 빛깔로 깊어져
세상을 품으라
이른 아침
너를 대할 때마다
숙연해지는 나를 보며
나 또한 너를
사랑하리니
사는 것에 얹히지 말고
맛에 빠지지도 말아
사람이 사랑이 되는
진한 너로 남아라

아파트 엘리베이터

생명과 생명이 맞닿아 있는 곳
공간과 공간을 이어
층층을 섬기고
길게 내렸다가 다시 오르는 알림이
낯설음도 잠시
이내 훈훈한 눈빛이 오간다
1607호는 식성이 어떻고
809호는 취향이 독특하다는
말들이 앞서는 빨래터 같은 공간
그 공간에는 사람 냄새가 난다
자장면이 몇 호로 가는지
몇 호에서 택배를 받는지
기가 막히게 알려주는 곳
그 곳에는
지금도
사람 사는 냄새가 진하다

좌변기

떨리는 손으로 차가운 세상을 누른다
쏵, 회전을 하는 원
이제까지의 내 삶을 재촉했던 모든 시간들이
그 원에서 겹겹이 밀려나간다
원칙 없는 포물선
순서 없이 쌓인 나의 분신들이
단 한 번의 차가운 손동작으로
미련 없이 나를 버린다
잠시의 희열
언짢은 듯 구겨지는 백색 휴지
고약한 기억들이 지워지는 사이
재생되는 눈물
좌변기는 그렇게
하루에도 수없이
육중한 이물질들 앞에서
원을 반복한다
철새가 돌아오듯

되돌릴 수 있다면

되돌릴 수 있다면
촘촘히 어머니를 부르고 싶다

수선화처럼 늘 다소곳해
한 곳에 앉아서도 자태만 곱더니
해맑은 눈 속에서
꽃잎이 되신 어머니……

바람을 부르고
별들을 모아
텃밭처럼 일구시던 그 손길
내 가슴에선 늘 크기만 했었지

창가에서
지울 수 없는 빛들이
가을강의 잔물결보다 세차게 흐느끼고
벌거벗은 나무들에게서처럼 매섭게 흔들었어도
어머니의 눈가엔
언제나 사랑이 고여 있었어

들국화가 꽃잎들을 떨어낼 때쯤
하얀 입김을 마지막으로

어머니는
내 속을 까맣게 태우셨지

이제 되돌릴 수 있다면
마음껏
어머니를 부르고 싶다

모자

뉴욕 양키스
LA다저스
가려야할 햇빛보다
이미지가 우선
너나 나나
분쟁 없는
패션이 제일

둔산역

둔산역은 아직 없다
마음의 역
있다면,
광장에서 김밥을 말겠다
삶은 계란을 덤으로 주는
하얀 김밥을 말겠다
햄버거와 핫도그도 아이들의 손을 채우지만
내 마음의 고향역
그곳에서
하얀 김밥을
나란히 채우겠다

2부

마음의 방

늦도록

늦도록 막차를 탔다
어디서 어디로 가는 삶이 이리도 먼가
밤새 돌담을 타고 돌아온 겨울바람이
창 밖에서 머뭇거리고
달빛에 새하얗게 젖은 잔설이
주저주저 봄을 맞이하는 아침
막차는 구불구불 세월을 돌아
지금의 나에게로 온다
몇 번을 더 망설여야
그림처럼 내 이야기를 도란도란 엮을 수 있을까
꿈이 사랑이 되는 봄에
풀길을 따라 나에게로 돌아오는 이야기
그 품에 안겨
온종일 들려주고 싶다
나에게 내 이야기를
늦도록
들려주고 싶다

사루비아

길을 가다가
언뜻 마주친 사루비아
한쪽 꽃잎을 따
입에 문다
입안에 가득 도는 세월

쉬는 시간이면 화단으로
쪼르르 달음질 쳐
한쪽 꽃잎을 입에 문 아이들
그 얼굴들 사이로
사루비아를 문 나

세월은 가고
아이들도 이젠 없지만
바알간 나팔관 꽃잎 속으로
빨려 들어가는 나

사루비아 꽃잎을 문
나

마음의 방

하얗게 채운 방
방마다 밤새 떼어온 한 떨기 구름
구름에는 남몰래 모아둔 사랑이 빼곡하다
사랑에도 저마다 눈이 다르듯
눈은 천지에 피는 꽃
꽃이 방글방글 마을을 채울 때
한숨은 조각조각 떨어져 겨울에 진다
이미 눈물이 된 겨울은
들판을 에둘러 호수를 어르고
호수에는 잊혀진 봄의 기억들이 새롭다
다시 하얀 방
방에는 또
밤새 떠온 구름으로 가득하고
구름 속에는 새하얀 사랑도
여전하다

내 하얀 기억의 방

궁금하다

언제부터였는지 모른다
내가 아닌 누군가로 산다는 것
그 아무렇지도 않은 일상에서
누군가를 닮아가는 나

엄마의 섬을 떠난 뒤
나는 나대로 봄 풍선만 같았는데
거울 앞에 선 나는
영락없는 20년 전 엄마다
틈만 나면 엄마를 닮아가면서
왜 엄마처럼
가을을 타지 않았는지
몹시도 궁금하다

엄마의 사랑은 이토록 선명한데
어째서 엄마 같을 수 없는지
오늘도
이렇게 궁금하다

영화처럼

영화 속에선
꿈을 꾸지 않는다
꿈이 있는 사람들로 가득한데
왜 그토록 밤이 긴지
알 수 없는 그 길에는
낯선 장면들로 분주하다

영화처럼 살아갈 수 있다면
혼자 걷는 길에서도
새벽별을 볼 수 있을까

별이 지는 연못가에
또 다시 빗소리가 들릴 때쯤
밤이 익어가는 소리를 듣겠지

내 가는 촛불에도
영화처럼 잔잔한 선율이
내려앉겠지

나에게

30년 뒤의 나에게, 나는
오지 않을 약속을 했었다
섬을 떠나는 울렁거림처럼
돌아오지 못할 약속
잘못 배달된 편지처럼 구겨지지 않고
계절을 앓고 난 국화처럼 시들지 않는
청량수 같은 그리움을 남기고 가는
나를 상상했다. 그러나
먼발치로 오는 시선들은
나를 시샘하듯
힘겨운 연륜이 자라게 했고
자리 자리마다 한숨도 줄기차게 심어두었다
그럴수록 나는
투명한 유리창으로 방을 꾸몄다
아래 위 칸칸이 모두 맑은 창
먹구름이 아무리 악풍을 들이더라도
좀처럼 나를 떠나지 않는 그리움
그 그리움이 되려했다
이제 다시 30년 뒤의 나에게, 나는
수그러들지 않는 약속을 전한다
그리움이 나에겐 전부라고

나는 나

암자에 노을이 든다
온 누리를 지쳤을 햇빛이 드는 곳
지친 산 그림자는 이미 돌아와
하루를 품었던 이야기들을 새새로 내놓고
잠시 초롱 하나 걸릴 사이에
동자는 선방에서 합장을 한다

골골을 돌아
이미 그믐이 된 달은
풍경에 얹혀 곤한 밤
하얗게 밤을 지키는 별들 사이로
긴 혜성 하나 못 다한 길을 간다

하루 종일 디뎠던 길을 신에게 내려놓고
묵상으로 아침을 기리는 나

구름이 변해야 해가 지고
어둠이 깊어야 달빛이 시리듯
나는 나

묵상하는 나에게
안개꽃처럼 다가오는 나

홀로길

홀로
가느다란 바람 하나
지키지 못하면서
돌 하나 치워
행인 길을 열 수 있느냐
발길이 드문 밤이어도
불꽃이 아직 저리 밝으니
너 홀로 가
손이 되어라

홀로
바람을 지키는
너
손이 되어라

식탁

사랑하지 못하는 것은
돌아가는 길을 잃어서였다
아무렇게나 돌아서는 바람처럼
시간을 잃어버린 나

언제부터 겹겹이 쌓인 울음에 갇힌 방
인조 라일락 하나 변변치 않은 식탁 위엔
오후의 햇살이 쓸쓸히 타고 있다

심드렁한 눈가엔 벌써 눈물이 촘촘하다

굶주린 눈이 싱크대 안으로 나를 밀어넣는다
이미 때를 넘긴 설거지
금세 엄마의 얼굴이 냉장고 성에처럼 엉겨온다
거울 안의 나에게서 엄마가 비처럼 내려지고
그 뒤에서 지금까지의 나 아닌 내가 수없이 되짚어진다

돌아가야 할 때
내 엄마가 그랬듯
나인 나로 나를 찾아가는 빛

벌써부터 창문 밖으로
하얀 하늘이 부셔온다

꽃말

한 번도 제대로 불려지지 않은 꽃들이
짙은 장마 틈에서 제 생을 다한다
무슨 죄를 지었기에
환생도 어려워
빗속에서 제 몸을 삭히느냐
잠깐 길에서 마주친
인연으로 너에게 지워진 몫
꽃말
다음에 나거든 울고 빌고서라도
제 이름 하나 얻어다가
이른 5월이면 연인들의 사랑 앞에
처음부터 끝까지
꼭꼭 떠오르는
꽃말이나 되어라

가고가도

가고가도 내 안에서 너를 보내지 못한다
이미 나를 가득 채운 너
겨울 우물처럼
너를 볼 수 없는데도
끊임없이 손을 흔들어
너를 가지려 한다
봄 숲 소리를 가진 네가
내 몸에 있는 것이 낯설어
비좁고 축축한 기슭을 헤매기도 하고
붉은 사막을 주저 없이 건너기도 했지만
여전히 너는 내 안의 나
너에게 가기 위해
한땀 한땀
빛을 모은다

가고가도 너를 놓을 순 없다
내 삶을 품은 너

가을편지

가을 잎새에 얹혀
바다를 질러가는 마음 한 통
혼자라도 외롭지 않은
편지를 띄워요
길을 걷다가 꽃을 만나면
빈 칸에 꽃잎을 채워
내 마음을 전해요

뿌리 없는 나무

나는 바람이 싫다
흔들릴 수 없는 나
외로운 별 하나가
품으로 들어와 나무가 된 나
겨울바람이 유독 시린 것은
따뜻한 남쪽으로 걸어가는
발이 없어서다
왼 산이 타다타다 내 가슴까지 태워도
꽃신을 못 신은 내 발은 오늘도 외롭다

우리 뿌리를 내자
어서 내 발에 꽃신을 신기자

꿈은 아직 저 언덕에 있으니
내 발이 먼저 가
뿌리를 내리면
따뜻한 남쪽으로 가는 바람을 타고
사랑도 앞서서 가리니

어서 가서 봄을 심자
우리 가슴에 발을 내자

위로

봄이 아니어도 좋아
가을은 넉넉하니까

바람이 깊으니
흔들리지 않아서
좋아

별이 수고롭지 않으니
달도 가득해
밤하늘 꽁꽁 풀벌레 소리 높아
좋아

가을에는

가을에는 떠날 거예요
처음에 약속했던 그곳으로
뱃길로 구름을 타고
갈매기 물질에 아침을 여는 곳
작은 손으로 하늘을 그리던 그곳
그곳에서 세상을 볼 거예요
때늦은 기억들을 추스르지 않아도
그저 내가 있던 그곳에
아직도 그들이 있어
나를 찾아가는 그곳
그곳으로
가을에는 떠날 거예요

나눔

다 내려놔봐
아침 안개 속에서 누군가가 다가올 수 있도록

처음부터 내 것은 아니었어
그리 오래도록 간직했다가 다시 내려놓을 뿐

언젠가 눈물이 되겠지 했지만
아니,
다시 봐봐
그것은 사랑이었어
너에게 따스한 손이 된 건
네 안의 네가 아니라
저 하늘 아래 하얗게 피어나는
안개였어
저 안개였어

다 내려놔봐
안개 속에서 또 다른 사랑이 보여

함께라면

외롭지 않을 거야
빗길 속에서도
네 손을 놓지 않을 거야
우리에게 세찬 바람이어도

언덕길을 내려오면서
네 눈을 보았어
내가 가득했지
내 마음에 너를 들였던 것처럼
이젠 멈출 수 없는 거야

함께라면
네 눈과
내 마음에서
우리는
하나일 거야

더 이상 갈 수 없는 데까지
우리는
함께일 거야

어떤 말

꽃처럼 말해라
입 또한 이쁘리니

별처럼 말해라
눈 또한 고우리니

애써 이쁘고 고운데
왜 그토록 아끼는지

그림자꽃

숲 속 저쪽
초록이 아주 깊은 그 안에
천년을 두고도 내게서 잠시도 뗄 수 없는
하늘이 준 기억의 꽃
그림자가 자란다
차마 지울 수 없어서
세상을 안은 가을바람처럼
하나가 되자고
가슴을 열었던 꽃, 그림자꽃
그리움이 대수랴
너를 지울 수 없는데
이미 하나이었고
또 다시 헤어질 수는 없다던
네가 아니리
다시 하늘이 열리고
그렇게 또 이어져
온 땅이 허문대도
너를 놓지 않으리
이미 나인 너
그림자꽃

3부

사람에게 가자

사람에게 가자

언제나 사람에게 가자
꽃도 꽃이지만
사랑은 늘 사람
그늘이 아무리 깊어도
한 번 빛이면 그들은 돌아갈 곳을 잃는다
그러니 비켜서지 않아도 될
가을 사람에게로 가자
산골을 흐르는 도랑 같아서
손이 된 너에게
언제라도 돌아서는
가을 산 같은
사람에게 가자

10월의 기도

아직도 멈추지 않았습니다
바람 앞에선 가을의 기도를
멈추지 않았습니다

당신이 저에게 주신
단 하나의 생명의 기도를
이제 전하려 길목에 섰습니다

가을 숲의 향기가 당신의 손으로 전해져
이 모두의 숨이 되게 하시고
마음과 마음으로 이어져
한결 같이 보듬을 수 있도록
큰 빛이 되게 하소서

사랑은 사람이라고 하신 그 믿음을
온 누리에 내려
마르지 않는 강처럼
맑디맑은 맥박으로 뛰게 하시고
마주잡은 손마다 가을의 풍성함이
곳곳마다 넘쳐나게 하소서

아직 기도는 끝나지 않았습니다
10월의 기도는 멈추지 않을 겁니다

갈잎은 안다

살아 있을 때 그 짙푸르렀던 만큼
오늘만 살다가 갈지라도
마지막 바람에 흔들리지 않을테다
거스를 수 없는 하늘의 부름이
저 하나 옷 갈아입는 것에 그치지 않음을
갈잎은 일찍부터 몸으로 익혀온 바다
떨어져도 주검에만 주저앉지 않으니
꽃이 뿌리로 이어져
생은 또 환희를 부른다
갈잎이 저절로 익을 수야 없지만
돌아서는 모습이 아름다운 것은
순순히 하늘을 따라
자신을 사르기 때문이다
비가 준 그 고귀한 생을 위해
자신을 살라야 하는 이유를
알고 있어서다

들어라

여름 하늘이 저렇게 깊으니
너, 바람의 소리를 들어라
제 살을 에고 진 서리 뼬들을 헤쳐와
아름드리 기둥과 부엽토 터를 일궈
새천년 손을 맞으리니
애써 모아, 혼을 내어 모아
세상을 여는 소리와
더불어 사는 이야기들이
잔잔히 앉히는 우물터 같은
새바람 소리를 들어라

혹한을 헤집지 않으면
훈훈한 봄을 재촉할 수 없고
매서운 소나기를 걸러내지 않으면
한길 깊은 물속의 고요를 찾지 못하리니
너, 멈추지 않는 손 모음으로
저 천고의 울음을 전하라
저 인고의 아픔을 새겨라
못다 한 바람의 이야기가
다시 천년의 한이 되지 않도록
너, 가슴을 열어
새바람 소리를 들어라
눈을 들어 새천년 소리를 맞으라

상상의 힘

살이 돋는다
아이의 입안 속살 같이
보드라운 꿈

바싹 마른 슬픈 들판은 이제 없다
숨 가삐 자라는 포도넝쿨이 어우러진 동산
그 가운데 길을 내고
한껏 물을 채우는
하늘마저 기쁜 숨을 내쉬는 곳에
꽃처럼 살이 돋는다
절대로 썩지 않는
살이 돋는다

그 아이의 하얀 입안 속살 같은
꿈이 돋는다

누군가에게

저 꽃에는 어떤 노래가 어울려요
누군가에게 전해준다면
꽃은 꽃으로만 보고 싶다고 말하겠다
제 가지 것 추려
저렇게 사랑을 피웠으니
봄인들 어떠며
가을인들 어떠랴
들녘을 이렇듯 저렇듯 물들이고
산 꼬지를 요리조리 수놓는 꽃
꽃이 아니어든
누가 산들을 아름답다 할리요
굳이 꺾어다가
네 곳에 둔들
그 꽃이 너에게 향이라도 되더냐
그러니
저 산 저 들녘에 제대로 피었다가
누군가에게 철철이 새로 나는
가슴꽃이나 되도록
가을 깊이
두고나 보자

매미

수년을 땅 속에서 울었다
여름을 재촉하는 생
그렇게 오랫동안 다듬으며 목청을 돋웠으니
소리가 좀 고우랴
그토록 고운 소리로 한 여름 울려면
더디 더디 가라 할 여름인데
저토록 재촉하며 여름을 우니
무슨 연을 숨기길래
소란스리 지느냐
처마 밑 이슬이 다 차기 전에
너를 거둬야 하는 너
이제 가을마저 오면
다소곳이 다시 돌아가리니
울어라
아끼지 말고
소리껏 울어라

섬김

크게 주셨습니다
언약을 지키시는 그 말씀
때론 그 말씀이 무거워 섬돌 같이 내려앉았고
얼음 같이 싸늘하게 에었지만
참사랑이 되신 그 믿음에
가까이 늘 가까이 다가갑니다
보이는 것이 보는 것의 다가 아니고
듣는 것이 들리는 것의 다가 아니듯
오로지 온전함을 주시는 은총에
손을 모읍니다
믿음이,
어두운 곳을 나와
한결같이 밝게 하시고
받듦이,
반석처럼 대를 이어 거듭나기를
무릎 꿇는 저는
손을 모읍니다
참에서 참으로 나신 분
그 영원하신 영성 앞에
올곧게 섬김으로
마음을 모읍니다

김밥이 있기까지

싸 봐요
나눠주는 고마움이 보여요
간혹 홀딱 벗은 채로 김이 밥 안으로 들어간 누드김밥

우리를 당혹케도 하지만
캄캄한 속이 그렇게 화려할 수 있다는 사실에
놀라요
부글부글 불평도 없어요
탁탁 튀지도 않고요
지글지글 저를 비꼬지도 않지요
늘 다 줄 때까지 누운 채로 우리를 기다려요
그것이 눈물겨워 때론
목이 메이기도 하지만
세상을 마는 그 큰 사랑으로
촉촉이 젖어드는 가슴
자꾸 가는 손길에
쌓여지는 정

그러니 싸 봐요
사랑을 나눠요

샘터

어지럽게 늘어선 아파트 사이로
작은 샘터 하나
시원시원한 구원의 물
누구나 적시면 언약의 힘이
돈다
목마름이 무엇이랴
지나가다가 사람을 만나면
갈증은 늘 있는 법
채울 수 있을 때
흠뻑 젖을 수 있는
아파트 사이
작은 생명수
알면서도 찾지 않는
미로의 생명수

세탁기

세상이 씻긴다
천년의 때
한 번 몸을 돌리면
구겨진 세상의 온갖 주름을 갈아엎고
엄마의 웃음도 잦아지는
너는 치유의 해결사
햇빛이 베란다에 걸릴 쯤이면
다시 도는 너에게
빛 따윈 있을 수 없다
온전한 하얀 씻김만이
베란다에 걸릴 뿐이다

세상이 씻기는
원통의 열기

종이컵

한 번의 입맞춤으로 이별을 한다
주저 없이 떠나는 삶
하나가 하나를 만날 때
얼마나 많은 하나가 희생되어야 하는지
미처 몰라도 되는 이별
그냥도 아니다
처절하게 구겨진 각선미
돌아오지 못할 길이다

그러니 너 언제
온기를 마음껏 담아
네 몸을 따스하게 채워주는
종이컵이 되어보랴

적어도 한번쯤
너에게서 제멋대로 구겨진 채로
다하는 사랑
종이컵만 같아보랴

더

봄풀이 가을하늘,
너 같지 않은 것은
한껏 비를 맞아보지 않아서다
동으로 긴 듯
서로 짧은 듯
이어져 온 그 빗자락에
너와 나의 기억들을
애써 잊기도 했지만
봄풀이야 제 철이 아닌데
어찌 한껏 비에 젖으랴
슬프다 슬프다
누군가 말하지만
진정 슬프지 않으면
눈물의 고마움을 알지 못하듯
그 길 봄풀 길에서
한껏 빗물이나 되어보자

더불 길

끝이 없는 길은 없더라
더불어 연이은 길
누구라도 혼자가 되지 않아야 할
동반자길
한줌도 망설임이 없는 길
함께 할 때만이 꽃이 되고 숲이 되는 길
더불 길
첫길이어서 고독한 것이 아니라
한 배로 가서 빛이 나는 길
그 길, 더불 길
너와 내가 더불어
이름을 만들어 가는 길
그 길, 함께 길
더불 길

은잔

하늘이 주신 은성에
잠시 모든 걸 내려놓습니다
애초부터 모든 것이
내 전부는 아니기에
섬김으로 그러렵니다

한 번도 멈추지 않았고
틈틈이 돌아볼 새도 없이
돌고 돌아온 그 바람 속에서
다시 나비가 되어
하늘을 품는다 해도
그 깊은 은성에
저를 내려놓습니다
꽃으로, 빛으로 다시 수십 년을
거듭나도록
두 손 모아 은성에 내려놓습니다
어디서 오는 지도 모르고
가야 할 기약도 없지만
사랑할 만큼만
더 뜨겁게 잡아주소서
이제 하늘이 제게 주신
사랑만큼만

더 사랑할 수 있도록
두 손을 모아봅니다

돌다리

너, 자다 깨서 누군가를
떠올린 적 있느냐
가을이 깊게 타는 마당을 지치며
발갛게 볼이 오른 아이들처럼
누군가를 떠올린 적이 있느냐

구름이 또 영근 어둠을 낳을 때쯤
초록은 시간 속에서 잠시 멈추겠지만
네가 애써 떠올린
누군가는
수초 깊은 어둔 강을 건너리니
그 어둠에 돌을 놓아
기꺼이 다리가 되어준다면
여명을 우는 학처럼
천년의 희망이 열리리니
어서 마음을 열어
천년을 이어다오

그 길에서

빛들이 서서히 길을 연다

안개가 채 가시지 않은
하늘길
물 따라 언덕마다
바람이 멈추는 곳이면
으레 너도 새로 나
늘 사랑이 되던 너
별이 하얀 밤이면
내 가슴 한켠에서 우렁꽃이 되었고
잔잔 비가 한솜한솜 걸음을 재촉하면
너는 또 새악시처럼
새벽을 여민다
누구라서 너를 지치기만 하랴
세상을 품고 빛으로 어우러져
숨이 돌 때면
너는 언제나 그렇게
새로 나는구나

누구도 열지 않은
그 하늘길

우리

우리 섬들 사이를 흐르는 해류가 되어보자
온정을 이어 숨이 트게 하고
순풍을 떠서 뱃길을 훈훈하게 하는
해류나 되어보자

우리 질척거리는 장터를 거니는 장화가 되어보자
마구 버려진 나무들 사이로 세차게 장맛비가 훑고 간 양
웃든 웃든: 넘어서 더 위가 되는
진흙탕을 제멋대로 걸어가는
장화나 되어보자

우리 생명이 통하는 계단이 되어보자
시멘트 철강구조가 숨통을 막는 외길에
사람 그리운 이들이 어우러지도록
계단이나 되어보자

그리고,
우리 이 모든 것을 이룰 수 있는
마음 한 번 열어보자
절절히 절절히
마음 한 번 비워보자

한손에

한손에 다 쥐려하지 말아요
누구에게나 기회는 있잖아요
바다처럼 깊은 길을 내줘요
하늘처럼 넉넉하게 바라봐줘요
한손에 가득
빛들을 담아가요
이 골에서 저 골까지
사람들을 불러봐요
그리움이 아직 가까이 있잖아요
멀지 않은 곳에 눈부신 사랑도 보여요
그러니,
닮을 만큼만 손에 물을 들여요
손을 모아야 세상을 열 수 있잖아요
한손 덜어 한손을 채우면
마음은 더 이상 조각이 되지 않아요
밤이 깊지 않으면 새벽이 오지 않고
바람이 지나가면 손에 남는 게 없듯이 말예요

이제 한손을 펴봐요
그리고 마음의 별을 세봐요
내려놓을 만큼만 세봐요

4부

행복에게

소풍

봄볕이 아침을 따라가는 산길
재잘재잘 사랑이 줄을 잇는다
벚나무 가지에 한들한들 얹혀서
앞서거니 뒤서거니 구름을 쫓는 숨은 이야기
꿈이 먼저 가
소복한 추억으로 살아나는 봄소풍
언제 또 그 김밥을 먹으랴
아이들의 손으로 그려내는 풍경
눈망울 가득히 꿈들이 깨어난다
다시 찾는 그 길이
예전의 꿈은 아니련만
아직도 벚나무에 아스라이 걸리는 아이들의 얼굴
돌아오는 봄에
다시 그 길을 따라
아이들의 얼굴을 하나하나 따다가
소반 위에 담아두고
꿈꿀 때마다
가슴으로 꺼내고 싶다

목련

얼마나 바라보아야
내 사랑이 되나요
그렇게 다 보여주지 않아도
이미 꽃잎으로 가득하답니다
늘 그렇게 말했었지요
사랑할 때 손을 내밀자고요
나는 이미 그대 안에서
하나 가득 피어났어요
인동처럼 혹설을 견뎌냈고요
여우바람 시샘도 두렵지 않았어요
언제쯤 당신만 바라볼 수 있나요
그 해맑은 사랑을
두고두고 볼 수만 있다면
다시 별을 헬 수 없는 밤이 되어도
눈물 따윈 흘리지 않을 거예요
당신 곁에서
아주 작은 잎이 된다 해도
결코 당신보다 먼저 지진 않을 거예요
당신의 눈이 될래요
당신의 향이 온 여름을 이어가도록
내내 당신 곁에서
숨이 될래요

그리고 오래도록 하나만 될래요
그렇게 기다린 만큼
오래도록 하나가
될래요

솜사탕

좀 더 부풀게
통 속에서 손이 부산하다
자전거 페달을 밟아
구름 같은 솜털을 얹혀 쌓던
털털이 아저씨의 구성진 솜씨는
전기 모터에 둥그런 스테인리스 통으로
바뀌었어도
세월은 속일 수 없어
오늘도 아이들이 웃는다
한껏 부푼 솜사탕을 들고
제 얼굴을 다 묻어야
입안 가득히 가루사랑이
물방울처럼 번지는 솜사탕
동물원에 가서도 한참을 보채야
얼굴을 묻었던 그 솜사탕이
오늘은
아무렇지도 않게
손녀의 손에서 벙글벙글
부푼다

가을 잎

초록이 눈물처럼 머물던 9월이면
늘 그랬듯이,
가을은 또 다시 꽃비가 된다
사랑했기에 더욱 짙푸르러야 했던
그 길
단숨에 꽃비가 되어
돌아서는 바람 속에서도
이제는 터널을 지나는 연인처럼
눈을 감는다
수줍어서 사랑할 수 없다면
차라리 꽃비나 되지 말지
왜 하필 가슴마다
저리도 붉게 우는지

작은 씨앗

홀씨 하나 몸을 턴다
울긋불긋 타는 가을
제 몸을 하나 길 내어
수없이 많은 눈물들의 꽃이 된다면
너 진정 사랑이 되리

얼음처럼 차가운 이 땅에
봄볕으로 발을 내려
새 생명을 틔우는 너
온 들녘에 꽃으로 피어나
가슴 한 번 뜨거워보자

봄이 되면 네 이름대로 비와 바람과 하늘을 따라
풀이 되고 꽃이 되고 사랑이 되리니
너는 그리운 이의 가슴
하늘 맑은 봄날 너에게 가면
그리운 이에게 내 마음이나 전해주련

가을이별

늘 끝은 아프더라

내속의 너를
채 보내지도 못했는데
너는 벌써 이별을 준비하는 가을비가 된다

하늘이 맑아야 사랑이 된다더냐
가을이 타도 비는 오고
겨울이 아니어도 마음은 얼어
처음처럼 하나는 아니지 않더냐

애써 감춰둔들
타는 빛이 수줍어지랴

이미 너에게 꽃이 된 나이기에
가을비는
가시만 같더라

박

밤새 비가 내렸을 지붕에
벌써 붉은 가을이 탄다
삶보다 앞서가는 바람이
일찍부터 띄워놓은 가을달이
저렇게 수줍어서야
어찌 저를 다 내줄 수 있으랴
살아서 못다 한 말이 저 속에 담겼으랴 마는
속 빈 박에 담을 수도 없으니
지붕 위에 고스란히 두고
남기고 간 이야기나 들어보자
다가올 백설이
더 이상 낯설지 않게
지붕 위에 가을이 곧게 타도록
너 홀로 두자

반딧불머위꽃

해바라기를 닮았구나
하늘을 향한 너의 수줍음
노랗게 익어가는 네 마음에
지나온 그리움이 깊이도 배어 있구나
반딧불이처럼 한결같은 빛으로
9월을 밝히는구나

간 사랑 다시 오기 어렵건만
기다리는 꽃술이 그리도 애틋해
임을 향해 동그랗게 갈라졌구나

어디서부터 오는 사랑이기에
저토록 점점이 가을을 사느냐

쑥부쟁이

사랑은 마르지 않는다고 했다
그렇게 기다리고도
가을이면 보라꽃 사랑이 되는 이유
마지막 구슬로 되찾을 수 있으련만
사랑으로 되돌려 준 사랑
꽃말은 또 다시 보랏빛 눈물이 된다
두고 가는 열하나 동생도 애틋한데
보내는 임은 어찌 두고 가랴
아려한 보랏빛 사랑은
다시 천년을 눈물지며
돌아오는 임을 맞으려 피어나리
가을,
이 한 가을에

가을 산

가을 산이 저렇게 붉은 것을 보니
누군가 꽃을 무척이도 사랑하는가 보다

잠방이* 농부의 잰걸음으로 새벽이 열리고
빼곡한 여치 울음이 어스름밤을 재촉하듯
세월이 그렇게 우리 곁을 간다 해도
가을 산이 타는 것을 누가 막으리
줄줄이 능선을 내달려온 빛 바람에
벌써부터 수줍어 그림자마저 붉은 산
누군가 길을 가다
산턱에서 발을 멈추면
가을 산은 더욱 붉어
나그네 마음까지 붉히리니
때 이른 서리서리 겨울바람아
꽃을 사랑하는 가슴가슴 멍들이지 말고
가을 산을 휘이휘이 돌아돌아
물 밑으로나 타려무나

가을 산이 저리도 붉은 것을 보니
아직도 못 다한 임의 사랑이 타나보다

* 잠방이 : 가랑이가 무릎까지 내려오게 만든 짧은 홑바지.

푸른 종소리

하늘의 소리
푸른 메아리가
아파트 사이사이를 미끄러지듯
날아간다
매캐하고 찌든 골목에서도
은은하게 노을과 어울리고
바다 안개에 걸터앉아
동서로 너울너울
산과 강 끝까지 울려
불빛을 잃은
영혼의 들을 깨우는
푸른 종소리

여름 바람

바람이 부럽다
발이 필요 없는 움직임
어둡고 지친 언덕을 넘어
칙칙하고 우울한 바다 안개를 지치고
매몰차게 나에게 밀어 넣었던 진눈깨비들을
훌훌 털어버리는
초록의 손짓
여름 바람이 들녘을 메운다

매미는 안다
귀뚜라미가 가을밤을 메아리치듯
여름 바람이 사람들 사이에서
얼마나 소리되는지
떨리는 손으로
그들을 얼마나 재촉하는지
여름 꽃은 기억한다

그래서 솔솔 여름 바람이 불면
가을은 문턱을 넘기 시작한다
그들을 기억하는 손길들 사이로
서서히

>

여름 바람이 부럽다
손도 없이 가을 여는
그 길이 부럽다

단풍 들다

여름이 채 이울지도 않았는데
안골 나지막이 가을이 찬다
꽃에 계절이 있으랴 마는
유독 가을에만 붉은 꽃
꽃말이 가을이어서도 아니련만
빛이 너에게만 어우러
두둥, 목이 길기도 하구나
짙기야 여름꽃이오
화사하기야 봄꽃이더니
저절로 타올라 온 산을 지키기로
너 만은 하더냐
어머니 무릎을 밤새 삼고 나온 세모시처럼
돌담을 타고타고 들녘을 휘휘 놀고
산을 넘어서야 수줍게도 붉었으니
누구라서 그 지지 못하는 속내를
들춰낼 수야 있으랴
저 산에 백발이 자자질 때
너는 다시 붉으리니
그때야 너도 나도 붉디붉게
가을꽃만 같으리

늘 그때처럼

창밖에서 수수소리가 수선스럽다
목이 길어 가냘 펴진 낱알 사이로
지난여름 이야기들이 세세로 들려진다

이미 저를 한껏 부풀린 숲 사이로
가을을 잊은 밤알들이 철없이 텃밭에서 나뒹굴면
한결 무거운 바람들이 제 살을 털 것이고
부쩍 낯설어진 밤기운은 서리서리 칠 것이다

가족들이 토장국에 얼기설기 별들을 채우면
달은 어느새 빈 하늘에 가득하다

쭈뼛쭈뼛 호롱불 너머에서
어머니는 땀땀이 바느질로 어둠을 새우고
잰 손놀림으로 세상을 꼬는
아버지는 담배연기로 매캐하다

배를 못 채운 아이들이 꺽꺽 밤을 뒤척이면
끌끌거리는 아버지의 한숨이 이엉처럼 엉킨다

홰치는 소리로 새벽별이 눈을 감을 때면
감자 몇 알로 세상은 시작되겠지만

그때가 그리도 보고픈 것은
배를 채워도 별이 채워지지 않는
세상이 싫어서 일 것이다

코스모스

바람 타는 모습이 수줍구나
코스모스
사람 눈결과 맞닿는 곳마다
가는 눈매로 마주하는 너는
순정한 여인의 자태
별빛이 긴 밤이면
팔 벌려 이리저리 가슴에 안기고
노을이 가득한 강가에서는
보고 또 보아도 너뿐이구나
코스모스
사랑하는 소녀의 꿈아
섬길 마다 말고
둑을 따라 길고 길게
달 듯 말 듯 하늘을 이고
하늘하늘 강을 따라
어디서든 꿈이 되어라
님 마다 사랑되어라

행복에게

절망이 불꽃처럼 피워나는 곳에
너,
아이의 동공에 핀 꿈을 키워다오
고목에도
수렁에도
흠뻑 봄비를 맞은 죽순처럼
너,
알차게 달라붙어
소유를 허락지 않는 샘물이듯 솟아
올라다오
숨마다 싹을 틔워
저 짓궂은 어둠을 가르는 등불 같이
집집마다 사람마다
꼭꼭 박혀다오

가을편지 2

초가을에
능선을 타고 온 바람 편지
바람이야 놓으면 그만이지만
속속히 채운 찬찬한 정이야
무엇으로 지우리

별을 써내려가는 사랑에는
등불 같은 잔주름만
송송하다

요술쟁이

하늘이 그렇게 몇 번
파랗게 하얗게
열리더니
네가 세상을 찾아왔구나
이 땅에 너의 그 고운 꿈이 알알이
영글던 날
동쪽 새벽에 무지개꽃이 피더니
너의 그 초롱초롱 눈과 마주쳐
온 세상은 빛이 되었고
너의 그 작은 웃음을 안을 때는
해마저 수줍더구나
이제 너는
샘물이 될 것이다
반석이 될 것이다
길이 될 것이다
아주 많은 사람들 속에서
단비가 되고
꽃도 될 것이다
그리고 무엇보다도 무엇보다도
사랑이 될 것이다
큰 사랑이 될 것이다.

풀꽃

이렇게 서글픈 산길에
하늘을 여는 풀꽃 하나
두고 올 수 없어서
손이 가다 멈칫 놀라
꽃잎만 물끄러미
가슴에 넣고 온다

해설

'나'에게서 가족, 함께 하는 미래에 이르는 긴 여정旅程

양애경 시인

'나'에게서 가족,
함께 하는 미래에 이르는 긴 여정旅程

양애경[1] 시인

나영순 시인은 현 장종태 서구청장님의 부인이시다. 평생 공직자로 근무하여 청의 큰 일 작은 일에 통달한 장종태 서구청장님의 활약 옆엔 언제나 그 못지않게 열정적이고 헌신적인 부인의 내조가 있었다 한다. 그런데, 그런 부인이 시인이며 시낭송가로 이름이 높다는 것을 이번 기회에 더 잘 알게 되었다.

한 사람의 일생이 완성되려면 그 사람이 겪어 온 과거와 현재, 그리고 미래가 연결되어야 한다. 작가는 그러한 작업을 자신의 창작을 통해 자연스럽게 완성할 수 있는 행복한 직업이다. 나영순 시인은 이 시집의 자서自序에서, 이 시집으로써 "모시 같은 어머니와 함께 흘러 내 어릴 적 꿈을 찾아가는 두 번째 강"에 이르렀으며, '그 강에 배를 들이고 뿌리를 찾아 나서는 작업은 앞으로도 수많은 강에 이를 것'이라고 술회하였는데, 이는 이 시집이 가지는 의미를 잘 말해

1) 1982년 《중앙일보》 신춘문예 시 당선. 시힘 · 화요문학 동인. 한국영상대학교 교수 역임(1995~2016).

준다. 유년시절의 추억에서부터 출발하여 무한한 어머니의 사랑을 이어받아 가족과의 유대의 뿌리를 찾겠다는 의지, 그리고 미래지향적인 희망까지를 엿볼 수 있다.

사실 나영순 시인의 제2시집『꽃을 만진 뒤부터』는 몇 가지의 중요한 상징을 품고 있다. 닫혀 있는 '방'은 외로운 시인의 자아自我를 상징하고, '떠남' 또는 출발의 이미지는 그 자아의 성찰과 성장을 위한 여행을 상징하며, '꽃'과 '아이' 같은 대상은 사랑과 섬김을, 그리고 하늘과 강과 바다 같은 툭 트인 공간들은 타인과 세계에 대한 개방과 협력을 상징한다. 즉, 시인은 이 시편들을 통해 갇혀 있는 '방'(시인의 자아)에서 떠나 과거와 만나고, 현재를 돌아보며, 미래의 희망을 그린 서사적 순환을 보여준다. 나영순 시인의 첫시집『숨은 그림 찾기』가 시인의 참 자아를 발견하는 여정이었다면, 이번 시집은 시인이 그 마음을 다스려 진리와 사랑의 넓은 세계로 나아가는 여정이라 할 수 있겠다.

나영순 시인의 시들은 마치 만화경 속의 꽃가루 같은 이미지들을 마술과 같은 여러 개의 거울에 반사시켜서, 다양하고 아름다운 마음의 풍경을 창조해내어 보여준다. 이 아름답고 의미 깊은 여정을, 이 글에서는 세 파트로 나누어 살펴보려 한다. 첫 번째는 '마음의 방', 두 번째는 '꽃을 만진 뒤부터', 세 번째는 '사람에게 가자'로 이름 붙여 본다.

1. 마음의 방 –그리움에서 사랑의 발견까지

어른이 된다는 것은 나만의 세계에서 나와서 낯선 타인의 사회에 자신을 맞추어 가는 어려운 과정이다. 이것을 '사회

화'라 하여, 사회화에 실패한 사람은 도태되기 때문에 타인의 눈높이에 맞추어 살아가는 법을 배우지 않으면 안 된다. 고통스럽지만 자신의 자아自我는 숨기고 변형시키는 과정을 거쳐야만 한다. 특히 여성의 경우가 더 그렇다. '나'라는 개성을 강조하기보다는 나를 수그리고 숨기며 타인을 위로하고 섬기는 것이 여성의 미덕으로 그려지는 사회를 살게 되는 것이다. 그러다가 어느 시점에, '나는 누구인가'라는 물음을 다시 하게 되는 순간이 온다. 나영순 시인의 시는 그 시점에서 시작되는 것 같다.

예를 들어 시 「뿌리 없는 나무」에서, 시인은 자신의 내면을 깊게 들여다 본다. 이 시의 중심을 흐르는 것은 서러움의 정서다.

> 나는 바람이 싫다
> 흔들릴 수 없는 나
> 외로운 별 하나가
> 품으로 들이와 나무가 된 나
> 겨울바람이 유독 시린 것은
> 따뜻한 남쪽으로 걸어가는
> 발이 없어서다
> 왼 산이 타다타다 내 가슴까지 태워도
> 꽃신을 못 신은 내 발은 오늘도 외롭다
>
> —「뿌리 없는 나무」 부분

이 시 속의 '나무'는 시인과 동일시된다. 가지 많은 나무에 바람 잘 날 없다는 말처럼 가족에게는 여러 가지 어려움이 차례로 닥쳐오고, 한 가족의 여인은 자신의 그늘에 많은 것을 품고 살려내야 할 책임을 가진다. 그러나, 이 나무는 자신이 확고한 뿌리가 없다는 좌절감을 가지고 있다. 또, 바람이 불면 그 많은 가지가 흔들리는 게 당연하건만, 절대로 흔들려서는 안 된다는 압박감도 가지고 있다. 시린 겨울바람에 시달리면서 따뜻한 남쪽나라 양지쪽을 그리워하지만, 나무는 발이 없어 그곳으로 걸어갈 수 없다. 책임감, 좌절, 외로움이 잘 나타나 있다.

서러움과 연민은 다른 시편들에도 나타난다. 시 「풀꽃」은 절제된 시어 속에서 서러움과 연민이 깊게 묻어나는 작품이다.

이렇게 서글픈 산길에
하늘을 여는 풀꽃 하나
두고 올 수 없어서
손이 가다 멈칫 놀라
꽃잎만 물끄러미
가슴에 넣고 온다

—「풀꽃」 전문

마음이 서러울 때는 온 세상이 서럽게 느껴진다. 그런 날 시인은 혼자 산길을 가다가 '하늘을 열 듯' 환하게 피어난 작은 풀꽃을 본다. 외진 곳에 혼자 피어난 꽃이 자신의 마음처럼 외롭게 보여서 시인은 손을 뻗는다. 그러다가 멈칫 놀라 손을 멈춘다. 그 풀꽃을 뽑아 자신의 정원에 옮겨 심는다고 해서 꽃이 행복해질 것인지 망설여졌기 때문이다. 그래서 꽃을 마음 속에만 담아 두고 산을 내려온다. 사실 풀꽃이 안쓰러웠던 것은 자신의 마음이 외롭고 서러웠기 때문이다. 세상이 내것이 아니라는 좌절 때문이다.

이러한 좌절은 시인을 자신만의 세계, 일종의 '방'에 가두기도 한다. 시 「마음의 방」에서 시인은 "내 하얀 기억의 방"을 자신의 사유思惟가 시작되는 지점으로 제시하고 있다. 이 기억의 방에는 사랑과 한숨, 기억이 사계절의 흐름과 함께 저장되어 있다. 그리고 시인은 이 사유의 중점을 시 「나에게」에서 '그리움'이라고 말한 바 있다. 이 시에서 시인은 "30년 뒤의 나에게, 나는/ 오지 않을 약속을 했었다/ 섬을 떠나는 울렁거림처럼/ 돌아오지 못할 약속"이라고 노래하면서, "그리움이 나의 전부"라고 술회한다. 이처럼 현재의 삶의 속박 속에서 사람들은 유년시절의 조화로웠던 때를 그리워하게 된다.

시 「사루비아」에서 시인은 딸, 어머니, 아내라는 자신의 역할에서 벗어나 온전한 나 자신을 만나는 경험을 한다. 온 세상의 중심이 자신이던 유년시절의 자기인식으로 돌아오는 것이다.

길을 가다가
언뜻 마주친 사루비아
한쪽 꽃잎을 따
입에 문다
입안에 가득 도는 세월

쉬는 시간이면 화단으로

쪼르르 달음질 쳐
한쪽 꽃잎을 입에 문 아이들
그 얼굴들 사이로
사루비아를 문 나

세월은 가고
아이들도 이젠 없지만
바알간 나팔관 꽃잎 속으로
빨려 들어가는 나

사루비아 꽃잎을 문
나

—「사루비아」 전문

시인은 우연히 마주친 사루비아 꽃잎을 하나 따서 입에 물어본다. 달달한 그 맛과 냄새는 시인을 즐거웠던 어린시절로 돌아가게 한다. "입안에 가득 도는 세월"이라는 구절이 독자도 함께 그 세계로 돌아가게 하는 효과를 낸다. 걱정 없던 시절, 친근한 친구들, 꿈 많던 어린 시절이 떠오른다. 이 시의 장점은 독자가 시인의 경험에 저절로 빨려들어 가 감각적 체험을 하게 된다는 것이다.

그러나 안타깝게도, 어른이 된 시인이 이러한 순수하고 조화로운 경지에 머물기는 어렵다. 그래서 시인은 '떠남'을 꿈꾸게 된다. 떠난다는 것은 일상에서 벗어나 초월적인 세계, 조화의 세계로 향하고픈 열망을 반영한다.

나영순 시인의 '떠남' 이미지는 여러 편에서 상징적으로 반복되는데, 그 중 돋보이는 작품으로 시「늦도록」이 있다. 이 시는 시인의 심정을 잘 나타내고 있다.

늦도록 막차를 탔다
어디서 어디로 가는 삶이 이리도 먼가
밤새 돌담을 타고 돌아온 겨울바람이
창 밖에서 머뭇거리고
달빛에 새하얗게 젖은 잔설이
주저주저 봄을 맞이하는 아침
막차는 구불구불 세월을 돌아
지금의 나에게로 온다
몇 번을 더 망설여야
그림처럼 내 이야기를 도란도란 엮을 수 있을까
꿈이 사랑이 되는 봄에
풀길을 따라 나에게로 돌아오는 이야기
그 품에 안겨
온종일 들려주고 싶다
나에게 내 이야기를
늦도록
들려주고 싶다

—「늦도록」 전문

이 시에서 독자의 마음을 울리는 구절은 "어디서 어디로 가는 삶이 이리도 먼가"라는 독백이다. 힘들고 아득한 세월을 지나며 우리 모두가 한번쯤은 하는 독백이다. 나는 누구인가. 나는 어디서부터 왔고, 지금은 어디에 서 있으며, 앞으로는 어디로 갈 것인가. 이 길은 왜 이리 멀고 끝나지 않는 것인가, 하는 인류 공통의 철학적 물음이다. 그 물음 끝에 시인은 답을 낸다. 이 길은 과거의 나에서 현재의 나에게로 오는 길이며, 그 배경에는 꿈과 사랑이 있는 봄이 있다. 즉, 나에 대한 무한한 긍정이다. 세상이 내게 야박할지라도, 삶이 고통스럽더라도, 내가 나에 대해 무한히 긍정한다면 모든 것은 참을 만해진다. 스스로에 대한 사랑이며 위로이다.

이처럼, 나영순 시인의 시의 출발은 '나는 누구인가'라는 물음에서 시작되며, 떠남의 이미지를 통해 시인은 유년시절의 행복하고 조화로웠던 자신이 세월 속을 흘러와서 현재의 자신에 이르렀음을 알게 된다. 마음 속 깊이 간직해 온 그리움을 포기하지 않았던 시인은 그 서정적 힘으로 자신을 되살린다. 과거의 나와 마찬가지로 현재의 나도 긍정하면서, 그녀는 사람을 사랑할 힘을 회복하게 된다. 불행한 사람은 다른 사람을 행복하게 해줄 수 없다. 자신을 사랑하는 사람은 타인을 사랑할 힘을 가진다는 것을 알게 해 준다.

2. 꽃을 만진 뒤부터 -가족의 연대기

어머니를 잃는다는 것은, 대부분의 사람들의 서러움의 근원이 된다. 내게 어떠한 이익을 주는지 계산하지 않는, 희귀하고 특별한 사랑이기 때문이다. 내가 잘해야 사랑을 받고, 그렇지 않으면 냉혹한 대접을 받는 것이 사회 속에서의 인간관계이고 보면, 어머니에 대한 그리움은 세월이 흐를수록 깊어지는 것이다. 시 「엄마의 거울」에서, 나영순 시인은 날마다의 일상 속 "거울에서 엄마를 본다"고 술회한다. 그 어머니는 '서글퍼질수록 웃음이 깊어졌으며, 늘 눈매엔 자식이 서렸던' 어머니다. 가족에게 무한히 주고도 더 주지 못해 안타까워하던 쇠약해진 어머니에 대한 연민 또한 깊다. 그래서 자식에게 어머니의 상실은 뼈아프다. 때로, 어머니의 상실이 내 잘못 때문인 것 같기도 하다.

내가 얼마나 잘못을 했길래
엄마는 거울을 이리도 빨리 놓으셨는지
알 수 없는 내 눈엔
아직도 엄마만 차오른다
—「엄마의 거울」 부분

소박한 서술이지만, 엄마가 일찍 세상을 뜨신 것이 내 잘못은 아닐진대 마치 내 잘못 같기만 한 딸의 여린 마음이 독자의 마음도 쿵, 내려앉게 한다. 또한, 딸이 날마다 거울 앞에 서서 어머니의 얼굴을 찾게 되는 것은, 거울에 비친 자신의 모습에서 어머니의 모습을 보게 되기 때문이다.

언제부터였는지 모른다
내가 아닌 누군가로 산다는 것
그 아무렇지도 않은 일상에서
누군가를 닮아가는 나

엄마의 섬을 떠난 뒤
나는 나대로 봄 풍선만 같았는데

거울 앞에 선 나는
영락없는 20년 전 엄마다
틈만 나면 엄마를 닮아가면서
왜 엄마처럼
가을을 타지 않았는지
몹시도 궁금하다

엄마의 사랑은 이토록 선명한데
어째서 엄마 같을 수 없는지
오늘도
이렇게 궁금하다
—「궁금하다」 전문

시 「궁금하다」에서, 딸은 거울에 비친 자신의 모습에서 어머니의 예전 모습을 본다. 그러면서 늘 궁금하다. 어머니도 한 여인으로서 자신과 같은 욕망과 이기심을 가진 한 인간이었을진대 어떻게 '어머니'라는 이상화된 모습으로 사실 수 있었는지. 예전의 딸은 어머니가 원래 그렇게 희생적이고 헌신적인 분인 줄만 알았다. 그래서 크게 고마운 줄도 모르고 어머니의 희생과 사랑을 받기만 했었다. 그러나, 본인의 가정을 꾸리고 자식을 낳아 키우면서, 이젠 그것이 얼마나 어려운 것인가를 알게 되는 나이가 되었다. 그러면서 스스로에게 묻는다. 거울 앞에 선 자신은 20년 전 어머니와 외모에서 너무나 닮았는데, 왜 어머니만큼 희생하고 사랑하기가 이렇게 힘드는지. 왜 나는 엄마처럼 될 수 없는지, 자꾸만 안타깝고 알 수가 없다.

그러고 보면 나영순 시인은 자서에서 이번 시집이 '자신의 뿌리 찾기' 작업의 일환이라고 했다. 부모님, 특히 어머니는 시인의 마음의 고향이며 뿌리다. 여러 편의 시에서 시인이 썼던 '떠남'의 이미지는 자신의 본원을 찾기 위한 여행을 의미하고 있으며, 거기에는 자신의 뿌리를 찾기 위한 떠남이 중요한 위치를 차지하고 있음을 알 수 있다. 그녀는 시 「바닷길」에서, 고향인 바닷가 마을로 돌아감으로써 자신이 비롯된 곳, 비롯된 마음을 찾는다.

쪽빛으로 난 길
동쪽으로 빛을 따라갔던 배들이 되돌아오는 길
아버지가 그 아버지로부터 이어온 생명의 길
외길, 쪽빛 길, 바닷길,
뜸뜸이 들인 섬들을 지나면
이젠 쪽빛만 가득한 하늘과 맞닿는
망망한 꿈

어머니가 그 어머니에게서 대물림한 자배기를 두르고
새벽 포구를 지치면
밤새 망망한 꿈을 찾았던
어선이 통통거리는 길
그길, 기억의 길, 생명의 길

쪽빛으로 물을 연 길
바닷길
—「바닷길」 전문

푸른 생명이 퍼덕거리는 감각적 이미지로 가득찬 시이다. 육지에만 길이 있는 것이 아니다. 바다에도 길이 있다. 그 길은 배들이 나갔다 돌아오는 길이며, 아버지의 아버지가, 어머니의 어머니가 나갔다가 돌아오신 길이다. 가장의 건강한 노동을 통해 가족에게 생명의 양식을 제공하는 길이며, 어머니의 어머니, 어머니, 나, 딸, 손녀로 이어지는 가족사가 펼쳐지는 길이다.

또한, 바다는 삶의 터전이며, 세대와 세대를 통해 내려오는 삶의 지혜가 계승되는 곳이다. 같은 계열의 시 「갈색 파도」에서, 시인은 한평생 바닷일을 한 어부에게서, 그의 아버지에게서 전해 온 지혜를 듣는다. "봄이 지고 여름이 필 때마다/ 보리밭을 갈아엎는 수소의 거품처럼/ 바다 밑을 샅샅이 훑는 쟁기질이 있어야/ 풍어의 깊은 소리가 뱃전에 앞선다는 사실을/ 어릴 적 어부 아버지로부터 들었다는 이야기"같은 구절에서, 시인은 아버지, 아들, 손자 세대로 이어지는 사랑과 지혜가 현 세대의 삶을 이루었다는 것을 깨닫게 된다.

'나' 자신 존재의 소중함을 깨닫고, 고향인 바다로 돌아가 어머니와 아버지에게서 이어져 온 생명의 기억과 그 의미를 알게 된 시인은 비로소 자신과, 그리고 세상과 화해한다.

이제야 따뜻해진 혈맥
꽃을 만진 뒤부터다
긴 강을 건너온 바람처럼
돌아보지 못하는 나에게

햇빛은 서둘지 말라며
세상 사이에서 잠시 머뭇거림도 없이
건네온다

지금
살아야 하는 이유를
꽃으로 전해주는
빛

— 「꽃을 만진 뒤부터」 전문

이 시 「꽃을 만진 뒤부터」는 시인에게 깊은 의미를 가지는 작품이라 본다. 왜냐하면 이 시에 이르러 비로소 자신과 화해한 시인이 세상과도 화해하기 시작했음을 알게 되기 때문이다. '꽃을 만진다'는 감각적인 표현은, 직접 접촉하는 촉감과 더불어 '비로소 알게 되었다는 것', '본질에 접근했다는 것' 등으로 해석할 수 있다. 이러한 화해를 가능하게 해준 힘은 '빛'이다. 시인이 말하는 이 '빛, 햇빛'은 신성한 힘, 어쩌면 종교적인 신神을 의미하는 것 같다. 그 빛은 꽃을 피워 지은이에게 보여줌으로써 "지금 살아야 하는 이유"를 보여주고 계시다. 신의 신성한 힘과 시인의 어머니에게서 물려받은 무한한 사랑의 힘, 계승되는 핏줄의 따스함이 시인을 살게 한다. 그리고 위에서 받은 사랑을 아래로 무한히 베풀며 살게 한다고 시인은 노래한다.

3. 사람에게 가자 –이웃과 세상으로 확장되는 사랑의 힘

이 시집의 작품 속에서 필자는 나영순 시인이 이루어낸 세 가지 단계의 성취를 본다. 첫 단계에서 시인은 '나', 즉 자신의 자아를 발견하고 자신에 대해 긍정함으로써 사랑을 회복한다.

둘째 단계에서 시인은 부모님 특히 어머니가 무한히 주시던 사랑이 자신 속에도 살아 있음을 발견함으로써 사랑의 대물림을 확인한다. 그리고 가족에게 헌신하는 자신에게서 기쁨을 발견한다.

그리고 마지막 세 번째 단계는 이 사랑이 나와 가족이라는 개인적인 영역을 벗어나서 더 큰 세계인 이웃과 세상에 대한 관심과 헌신으로 뻗어나가는 단계이다. 세 번째 단계의 시들은 호소력을 강하게 가지는데, 문체도 조용한 독백형에서 벗어나, '~하자'와 같은 명령형 또는 청유형을 사용하거나, '~하소서'처럼 기도 형식을 취하기도 한다.

언제나 사람에게 가자
꽃도 꽃이지만
사랑은 늘 사람
그늘이 아무리 깊어도
한 번 빛이면 그들은 돌아갈 곳을 잃는다
그러니 비켜서지 않아도 될
가을 사람에게로 가자
산골을 흐르는 도랑 같아서
손이 된 너에게

언제라도 돌아서는
가을 산 같은
사람에게 가자
—「사람에게 가자」 전문

'꽃도 꽃이지만 사랑은 늘 사람'이라고 하는 이 시의 메시지는 그대로 나영순 시인의 세계관을 보여준다. 자연의 아름다움을 사랑하지만 그래도 제일 소중한 것은 사람에 대한 사랑이라는 생각이다. 그리고 인생에는 깊은 그늘이 늘 존재하지만, 그래도 한번 빛이 쪼이면 그 그늘은 사라지고 만다는 삶에 대한 낙천성이 드러나 있다.

또다른 시 「10월의 기도」는 종교적인 세계관을 보여준다. 시인은 자신에게 신이 내린 소명을 '생명의 기도를 전하는 일'이라고 상정하고 다음과 같이 노래한다.

사랑은 사람이라고 하신 그 믿음을
온 누리에 내려
마르지 않는 강처럼
맑디맑은 맥박으로 뛰게 하시고
마주잡은 손마다 가을의 풍성함이
곳곳마다 넘쳐나게 하소서

즉, 신은 사람들이 서로를 사랑하는 것을 원하시며, 그 믿음은 온 세상으로 퍼져나가야 한다는 것이 생명의 기도의 내용이다. 그리고 그 생명의 기도를 전하는 것이 바로 자신에게 주어진 임무라는 것을 시인은 확신하고 있다. 인생의 목표가 '나'에서 함께 하는 '우리'로 옮겨가는 것, 세계관의 확장을 볼 수 있다.

그리고, 음악적으로 읽히는 다음 시편에서 독자는 '함께 하는 삶'의 힘찬 울림을 느낄 수 있을 것이다.

외롭지 않을 거야
빗속에서도
네 손을 놓지 않을 거야
우리에게 세찬 바람이어도

언덕길을 내려오면서
네 눈을 보았어
내가 가득했지
내 마음에 너를 들였던 것처럼
이젠 멈출 수 없는 거야

함께라면
네 눈과
내 마음에서
우리는
하나일거야

더 이상 갈 수 없는 데까지
우리는
함께일 거야

—「함께라면」 전문

함께 한다면 어떤 어려움도 이겨낼 수 있다는 낙관과, 너와 내가 완전한 소통을 이루고 있다는 합치감에서 오는 희열이 시 속의 화자에게서 힘차게 울려 나온다. 시 낭송에 잘 어울리는 힘차고 단순한 운율이 경쾌하고, 호소력이 잘 느껴지는 작품이다.

마지막으로, 시「둔산역」을 들고 싶다. 이 작품은 소박한 어투로 전개되는 짧은 시이지만, 그 안에 희망 찬 미래를 설계하고 함께 만들어 나가고자 하는 지은이의 의지가 담겨 있다.

> 둔산역은 아직 없다
> 마음의 역
> 있다면,
> 광장에서 김밥을 말겠다
> 삶은 계란을 덤으로 주는
> 하얀 김밥을 말겠다
> 햄버거와 핫노그도 아이들의 손을 채우지만
> 내 마음의 고향역
> 그곳에서
> 하얀 김밥을
> 나란히 채우겠다
> —「둔산역」 전문

'둔산역?' 하고 고개를 갸우뚱했는데, 역시 대전에는 아직 둔산역이라는 역은 없다. 하지만 대전과 세종, 우리나라 국토의 중앙에 있는 중부지역이 서울 못지않게 나날이

발전해가고 있는 요즈음 상황으로 보면, 앞으로 생기지 말란 법도 없을 것 같다. 시인은 앞서 마음 속의 여정을 통해 바닷가 고향에 대한 그리움을 되찾아냈었다. 그것은 사랑의 회복을 위해 꼭 필요한 과정이었다. 그러나, 이 시에서는 현재 몸담고 살고 있으며 앞으로 함께 만들어 나갈 지역사회가 새로운 고향이라고 한다. 그 마음의 고향역인 둔산역에서 나영순 시인은 하얀 누드김밥을 말고 싶다. 삶은 계란도 덤으로 얹어주며 함께 이웃과 나누어 먹고 싶다. 이것은 일종의 미래 비전vision의 설계가 아닐까? 그러고 보면 역시 시인의 모습에서 정치인의 아내다운 면모가 살짝 엿보이기도 한다.

위에서 필자는 나영순 시인의 제2시집『꽃을 만진 뒤부터』의 시세계를 3개의 항목으로 나누어 훑어보았다. 요약하면 그녀의 시는 폐쇄된 자신의 방에서 떠남의 이미지들로 시작하여, 가족과 사람들에게서 의미와 아름다움을 찾고 툭 트인 세계로 나오는 과정이라고 말할 수 있다. 그리움으로 시작하여 탁 트인 공간에서 함께 마음을 나누는 위로와 밝은 비전으로 마무리된 시인의 세계가, 앞으로도 더 높고 넓은 경지로 확대되면서 찬란하게 빛나기를 기원한다.

나영순

나영순 시인은 충남 서천에서 출생했고, 2012년 『서라벌문예』로 등단했다. 대전문인협회 · 대한문인협회 회원 및 덕향문학회 회장으로 활동하고 있으며, 2015년 한밭시낭송 전국대회 금상을 수상했고, 시집으로는 『숨은 그림 찾기』가 있다.

나영순 시집

꽃을 만진 뒤부터

발 행 2017년 4월 10일
지 은 이 나영순
펴 낸 이 반송림
편집디자인 김지호
펴 낸 곳 도서출판 지혜
계간시전문지 애지
기획위원 반경환 이형권 황정산
주 소 34624 대전광역시 동구 선화로 203-1, 2층 도서출판 지혜 (삼성동)
전 화 042-625-1140
팩 스 042-627-1140
전자우편 ejisarang@hanmail.net
애지카페 cafe.daum.net/ejiliterature

ISBN : 979-11-5728-226-5 03810
값 9,000원